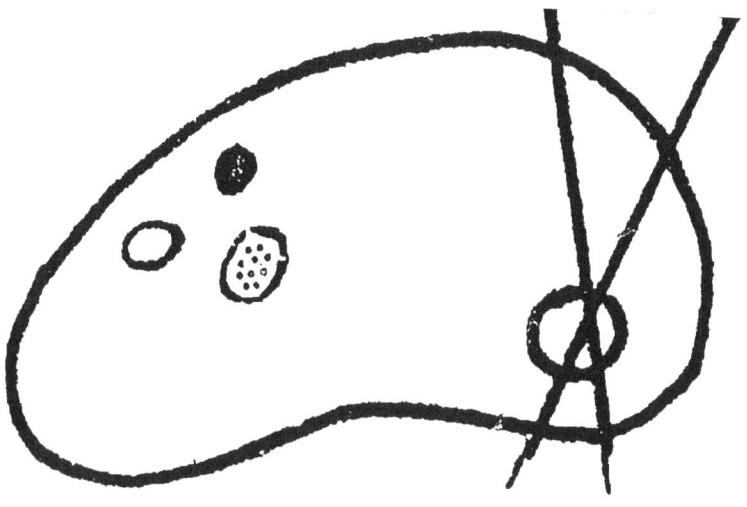

Couvertures supérieure et inférieure
en couleur

LES DÉLIQUESCENCES

TIRAGE A PART :

50 *Exemplaires sur Hollande, avec couverture parchemin, numérotés au prix de 5 francs.*

LES
DÉLIQUESCENCES

POÈMES DÉCADENTS

D'ADORÉ FLOUPETTE

AVEC SA VIE PAR

MARIUS TAPORA

BYZANCE

Chez LION VANNÉ, Éditeur

1885

Mon vieil ami et camarade de classe, Adoré Floupette, poète décadent, est venu l'autre jour me faire une proposition singulière. Il s'agissait d'écrire une préface à son étonnant recueil de vers, *les Déliquescences*. Tout d'abord je me suis récrié comme un beau diable. « Mais, Adoré, tu n'y penses pas. Moi, simple pharmacien de deuxième classe, rue des Canettes, un *potard*, comme on dit dans le

VI

monde, servir d'introducteur à un homme comme toi ! On en rira longtemps au « Panier fleuri ». Malheureusement Adoré a tenu bon. Comme de juste il méprise profondément le public. Un ramassis de crétins ! Se plaît-il à dire dans l'intimité. Pourtant son dédain ne va pas sans un peu de pitié. Au fond il est bon garçon ; il sent bien qu'il faut faire quelque chose pour ceux qui n'ont pas eu, comme nous, la chance d'être initiés au grand Arcane. Des niais, soit, mais ce n'est pas leur faute. Ils ne *savent* pas ; voilà tout. Quant à répandre lui-même la bonne parole, Floupette n'y saurait condescendre ; on ne peut raisonnablement l'exiger de lui. Il plane, c'est sa fonction, ne lui en demandez pas davantage.

C'est ainsi que moi, droguiste indigne, je me trouve, à ma grande surprise, devenu le Louis Figuier de la poésie de l'avenir. Réussirais-je dans cette tâche ardue ? Je n'ose l'espérer, mais comme dit le fabuliste (encore un qui n'est pas dans le *train*) :

J'aurai du moins l'honneur de l'avoir entrepris

Avant tout quelques détails biographiques sur l'auteur des *Déliquescences* me semblent indispensables :

Floupette (Joseph, Chrysostôme, Adoré) n'est pas auvergnat, comme d'aucuns l'ont avancé, sans doute, avec une pointe de malveillance. Il naquit en effet le 24 janvier 1860, près Lons-le-Saulnier, où nous grandîmes côte à côte, étant compatriotes et presque voisins. Autant qu'il m'en souvienne, M. Floupette père avait été quelque chose dans les Vins et Liqueurs. Retiré des affaires, il vivait de ses rentes, en fort bonne intelligence avec madame son épouse, laquelle, m'a-t-on dit, excellait dans la fabrication de la confiture de groseille et du raisiné. C'était un homme grave, toujours boutonné jusqu'au menton et qui passait pour avoir de très grands moyens. Je ne l'ai jamais vu ouvrir la bouche.

Dans cet austère milieu, le jeune Adoré croissait chaque jour en force et en sagesse. Mais il vaut mieux glisser sur ces années ingénues, émaillées de mille délicieuses petites folâtreries enfantines. Toutes les mères me comprendront.

C'est en 1873 que je retrouvai notre ami au Lycée de Lons-le-Saulnier. Ah! le cher Adoré! Je le vois encore. Joufflu comme un chérubin et rose comme une pomme d'api, avec un nez en pied de marmite, de gros yeux ronds à fleur de tête et un ventre rondelet qui déjà s'annonçait comme devant bedonner un jour, il avait l'air d'une lune en son plein, joviale et tout à fait bonne fille. On ne peut pas dire qu'il eût de grands succès dans ses classes. S'il avait voulu, il est évident que personne ne l'aurait surpassé, mais il ne voulait pas. Il était *trapu*, en dedans. Cela lui suffisait. Déjà, au surplus, la passion de l'histoire naturelle l'avait envahi. Sa sollicitude s'étendait à tous les insectes connus, et son pupitre était comme un hôpital à l'usage des scarabées malades et des coléoptères éclopés. Et puis la muse commençait très fort à le taquiner.

Tous les huit jours, madame Floupette venait au parloir, et elle remettait religieusement à son fils la somme de 1 fr. 50, en lui disant : « Adoré, voilà ta semaine. Ne la dépense pas toute à la fois ! C'était peu sans doute. Mais la jeunesse est ingénieuse, et nous avions trouvé au bout de la rue du Commerce un petit café où l'on avait d'exécrables consommations aux prix les plus doux. Que de bonnes journées de sortie nous avons passées, en cet endroit, au milieu de la fumée des pipes et du bruit que faisaient les joueurs de domino ! Nous avions notre table à nous, tout au fond de l'estaminet. Quand les bocks frelatés commençaient à nous monter au cerveau, nous entonnions joyeusement, en scandant le rhytme à coups de talons, l'ode d'Horace :

Nunc est bibendum, nunc pede libero
Pulsanda tellus, etc....

Et, tout-à-coup, Floupette, se levant d'un air inspiré, les cheveux en coup de vent, déclamait sa description de la tempête :

Quelquefois l'air en feu, du sein d'un noir orage,
A la nature entière effroyable présage,
Darde ces traits bruyants, qui portés aux échos
Font redouter au loin le retour du chaos.
Les animaux tremblants regagnent leurs tanières, etc.

Nous avions le culte de la périphrase, comme il convient à des classiques renforcés et nous pensions sérieusement que Racine était *très fort*.

J'en rougis un peu. Il y avait là Dorémus qui est maintenant receveur de l'enregistrement, Guillonet qui ne se doutait pas qu'il serait un jour la fleur des agents voyers, et Chapoulet qu'on appelait le *fifi*, parce qu'il était le favori du pion et le petit Caillot et le gros Cocogne, enfin toute une bande de joyeux potaches, aujourd'hui dispersés, Dieu sait-où. C'était le bon temps.

Un jour cependant (nous étions à l'époque des vacances) Floupette vint me trouver et, l'allure mystérieuse, le doigt sur la bouche, dans l'attitude d'un sphinx, un peu plus grassouillet qu'il n'est d'usage, il me dit ces étranges paroles : « Connais-tu Lamartine ? » Je fus, je l'avoue, interloqué. Car j'ignorais jusqu'au nom du chantre de Graziella ! Mais Floupette, avec sévérité : « Et Victor Hugo et Musset et de Vigny et Brizeux ! ah, ça, mon cher, mais tu n'as rien lu ? — »

— « Si fait, j'ai lu Boileau et Racine : tu

te souviens du songe d'Athalie ; nous l'avons appris ensemble ». — « Fi donc Racine est un polisson ». Ce fût dit d'un ton sec et qui n'admettait pas de réplique, j'étais stupéfait ; eh bien, le croiriez-vous? Floupette avait raison. Est-il rien de plus mortellement ennuyeux que le ron-ron classique, avec ses périodes solennelles qui se font équilibre, comme les deux plateaux de la balance et les trois unités, et ces confidents qu'on dirait tous taillés sur le même modèle, par un fabricant de marionnettes en bois! Nous nous mîmes d'arrache-pied à l'étude de la poésie romantique et je crois pouvoir dire que nous y réussîmes assez bien. Nous étions tout à coup devenus *Jeune France*, c'est-à-dire *Moyen-âge*, même un peu *Truands*. Le tailleur Eliphas Meyer avait refusé de nous confectionner des pourpoints mi-parti sans l'autorisation de nos parents. mais nous avions des souliers pointus qui pouvaient passer pour être « à la Poulaine » et nous étions coiffés à l'enfant. Par exemple, nous n'acquîmes pas du premier coup l'air fatal et ravagé, si nécessaire à tout romantique qui se respecte. Avec moi qui suis naturellement pâle et gringalet, cela allait encore, mais, en dépit de ses jeûnes obstinés et du vinaigre qu'il avalait en cachette, Floupette avait vraiment de la peine à se mal porter. C'était un bien gros page pour les châtelaines éthérées dont nous rêvions ; ses bonnes joues roses lui faisaient du tort et personne ne voulut jamais croire qu'il se nourrit exclusivement d'amour et de rosée. ainsi qu'il le donnait à entendre.

Parmi les maîtres, ce fut d'abord Lamartine qui eut nos préférences. Il dura bien tout un hiver pendant lequel nous eûmes beaucoup, oh! beaucoup de vague à l'âme.

Je retrouve dans mes vieux papiers une poésie d'Adoré qui date de cette époque. C'est une ode dont voici le début :

> Aimons ! Aimons ! Voilà la vie !
> Aimons dans notre jeune temps !
> Bien trop tôt nous sera ravie
> Cette fleur de notre printemps !
> Dans les prés et sur la montagne
> Sur les lacs et dans la campagne,
> Qu'à notre bras une compagne
> Se penche en levant ses beaux yeux
> Puis, ô divine rêverie !
> Que sa douce haleine fleurie
> A notre lèvre endolorie
> Apporte le parfum des cieux !

Le reste à l'avenant, c'étaient des *élévations* à n'en plus finir, des extases, des prières adressées à l'infini, des rossignols dans l'épais bocage, des nacelles, des barcarolles, des scintillements d'étoiles, des chars de la nuit, des clairs de lune sur la mer, où l'on voyait neiger des fleurs de pêcher, enfin un tas de belles choses dont je ne me souviens plus très bien, car, pour le dire en passant, je suis un peu *dévelouté*. Le mot est de Floupette qui en a trouvé ou retrouvé bien d'autres.

C'est égal; étions-nous assez jeunes! Je me souviens que nous soupçonnions notre aumônier, l'abbé Faublas, un vieux petit moricaud, qui avait toujours la goutte au nez, d'avoir dans son passé quelque drame intime, une terrifiante histoire d'amour pour le moins, et nous avions baptisé du nom d'Elvire la petite Virginie Colas, la fille du concierge du Lycée, une boulotte assez piquante qui est aujourd'hui mariée au boucher de la grande place. Même nous avions grande envie de lui demander des nouvelles de Sorrente, mais nous n'osions pas.

Avec Victor Hugo ce fut une note différente, la note Titanesque et Babylonnienne. Nous tendions nos muscles, nous étions cyclopéens; pour un rien nous aurions rebâti la tour de Babel ; nous nagions en plein sublime.

Enfin Musset eut son tour. Il nous arriva, précédé d'un cortège des plus galants, abbés de cours, folles maîtresses, donneurs de sérénades, amants transis, et c'est alors que je crus m'apercevoir que Floupette se dérangeait. Lui, autrefois si chaste, si réservé dans ses propos, il devenait à vue d'œil égrillard et talon rouge. C'était la chute d'un ange.

J'aime Ninon à la folie.

Chantonnait-il avec une désinvolture de vaurien que je ne lui connaissais pas encore, et, à ma grande stupéfaction, il m'arriva de l'entendre faire à une certaine Déjanire les propositions les plus incendiaires. Il est vrai que c'était en rêve, un soir qu'il s'était mollement endormi sur son *gradus ad Parnassum*, pendant la dernière étude.

C'est à partir de ce moment qu'il prit l'habitude de faire tous les mois une petite visite discrète dans la rue des Ormeaux, derrière la gendarmerie.

Sur ces entrefaites, il fut reçu bachelier, non sans quelque tirage, et partit pour Paris où son père l'envoyait étudier le droit, avec mille recommandations pour son ami et correspondant, M. Félix Potin du boulevard Sébastopol. Ah! Paris, c'était le pays de nos rêves, le cerveau du monde, la capitale de l'intelligence, la Ville avec un grand V! C'est de là que la gloire d'Adoré Floupette devait prendre son essor et rayonner sur la Bourgogne et la Franche-Comté! A mon regret, je ne pus l'accompagner. Les herbes me retenaient à Lons-le-Saulnier, car déjà le démon de la pharmacie s'était emparé de moi et j'étais entré en apprentissage chez M. Dumolard, le droguiste bien connu de la place de la Chevalerie. Mais, comme on pense, la correspondance ne chôma pas. C'est ainsi que j'appris, par Adoré, de grandes nouvelles. Lamartine et Musset que nous avions si sottement admirés jadis, avaient été remisés et mis au rancart. Le premier était un raseur, un pleurard insupportable. Le second ne savait pas rimer. Hugo était toujours le *Maître*, mais il planait au fond de l'empyrée, dans un nuage de pourpre et d'or, tenant le monde en sa main, ainsi qu'il convient à un empereur de la poésie. On le saluait en passant d'une génuflexion, on brûlait un peu d'encens, et tout était dit. Volontiers le bon Dieu était délaissé pour ses saints, lesquels à ce qu'il paraît étaient de la famille du grand Saint-Eloi, l'excellent orfèvre du roi Dagobert. Ils taillaient, ciselaient, fignolaient à merveille. Tel de leurs sonnets était comme une aiguière délicieusement ouvragée ; tel autre, comme une coupe de marbre ou d'onyx ou bien encore, une bague enrichie de pierres précieuses. Il y avait des ballades qui ressemblaient aux plus fines potiches de Chine, des cartels d'alexandrins, des rondeaux en pâte tendre de Sèvres, des quatrains en camaïeu, enfin tout un lot de mignons bibelots d'étagères, comme on en rencontre à l'hôtel Drouot, les jours de grandes ventes. J'admirais déjà de tout mon cœur, lorsqu'une nouvelle lettre de Floupette vint changer le cours de mes idées. D'abord il s'était dit *Impassible*, prétendant haïr la douleur, parce qu'elle dérange l'harmonie des lignes :

Est-elle en marbre ou non la Vénus de Milo ?

Et voilà que subitement *les Humbles* de François Coppée l'avaient empoigné. Il ne rêvait que misères à consoler, larmes à tarir. J'ai conservé de cette période un dizain qui donnera assez bien l'idée de sa manière d'alors :

XX

L'enfant était petit; le pot considérable,
Et le pauvre être, avec une grâce adorable,
S'efforçant de remplir tout l'espace béant,
Avait peine à rester assis sur son séant.
Ah! depuis j'ai bu plus d'un flacon de Bourgogne,
J'ai lu plus d'un roman de Madame Quivogne (1),
Et plus d'une charmeuse en secret m'a souri.
Mais rien n'a remué mon cœur endolori,
Comme, en cette nuit tiède et calme de décembre,
Ce petit cul noyé dans ce grand pot de chambre.

C'était bien touchant — et j'en pleure encore. — Quelques jours après, nouvelle lettre : Floupette, fatigué de la ville et des faubourgs, avait embouché les pipeaux rustiques et chaussé les gros sabots gonflés de paille, du paysan Franc-Comtois. Il était devenu poète rural ; la campagne, les bois, les champs, les foins et les seconds foins, le tirage des cuves, les beaux fumiers dorés d'un rayon de soleil, n'était-ce pas l'avenir et le salut! Consciencieusement il pillait les chansons

(1) Marc de Montifaut.

populaires. Il chantait tour à tour les prairies de la Franche-Comté, les gars et les fillettes de la Franche-Comté, les cabarets de la Franche-Comté, et quand il avait fini, il recommençait. Ce qu'on buvait de vin de cru dans ses vers naïfs, était incalculable. Il y avait aussi beaucoup de petits cochons, blancs et roses, quantité de ruisseaux d'argent, et assez de bouquets d'églantines pour en fleurir toutes les nouvelles mariées du pays. Un peu trop d'ivrognes seulement. Ces gens là vous assourdissent.

Autre lettre encore : cette fois Adoré avait déserté la ferme. Il s'était délibérément enrôlé sous la bannière de M. Zola et rêvait d'un grand poème moderne où serait résumée en quelques centaines de vers l'évolution naturaliste du siècle. Un bateau de blanchisseuses, une gare de chemin de fer, un intérieur d'hôpital, un abattoir, une boucherie hippophagique, toute la poésie possible aujourd'hui était

XXII

là et rien que là. Déjà le bon Floupette s'échauffait à cette idée. On entendait dans sa phrase les trains siffler et le linge claquer sur les battoirs, on voyait le sang couler. Toutes les maisons avaient de gros numéros. Et c'était encore plein de buées chaudes, d'odeurs de fromage, de bosses chancreuses, de sanie, de bile et de glaires. Un accouchement surtout me fit penser aux symphonies de Beethoven. C'était beau, bien beau, et cependant, de trois jours au moins, je n'en pus déjeuner tranquille.

A ce moment notre correspondance subit une légère interruption. Ayant passé mes derniers examens, j'étais à la recherche d'une pharmacie qui me permît d'exercer en toute liberté les talents que le ciel m'a départis pour le collage des étiquettes et la fabrication artistique des petits paquets. Je savais d'ailleurs que mon ami, pareil à un Guzman de la poésie, ne connaissait plus d'obstacles et qu'il s'attaquait maintenant aux rimes triplées, quatruplées, sextuplées. Il m'était même revenu qu'il se proposait de mettre en triolets la philosophie de Schopenhauer, mais, tout au souci de ma profession, je n'avais pas le temps de lui écrire. Justement on me proposait quelque chose à Besançon, j'y courus en toute hâte ; ce n'était pas ce qui me convenait. De nouvelles tentatives à Lure, à Bourg-en-Bresse n'eurent pas plus de succès, et je commençais à me désespérer, lorsque mon vénéré maître, M. Poulard des Roses, chimiste et pharmacien de seconde classe, rue des Canettes, à Paris, s'offrit à me céder son établissement, aux conditions les plus avantageuses, avec toute facilité de paiement. La maison était bien achalandée, le quartier distingué. J'acceptai avec enthousiasme.

Sans perdre un instant, j'avisai Floupette de cette chance unique et le lende-

XXIV

main soir j'étais à Paris, ce Paris dont nous avions tant parlé jadis à Lons-le-Saulnier, lorsqu'au sortir du café Chabout nous décrivions d'interminables cercles, autour de la statue du général Lecourbe, ce Paris qui, dans mes rêves de jeunesse, m'apparaissait comme le paradis des poètes et des pharmaciens. Malgré la fatigue du voyage, je dormis peu, tant j'étais ému. Vers le matin cependant je commençais à m'assoupir, les songes les plus délicieux me berçaient et je me figurais avoir découvert la crème des opiats lorsqu'un coup, vigoureusement frappé à ma porte, m'éveilla en sursaut.

Les yeux encore gonflés de sommeil, je saute à bas du lit et je vais ouvrir. Qu'on juge de ma joie. C'était Adoré, mon bon, mon vieil, mon fidèle Adoré Floupette. Il se tenait là devant moi avec sa grosse figure ronde, son gros nez camus, ses petits yeux malins, ses bonnes grosses joues roses qui toutefois me sembleraient un peu pâlies. Sans mot dire, nous nous précipitâmes dans les bras l'un de l'autre. C'est bon, je vous assure, de s'aimer comme ça.

Après les premiers épanchements, nous nous assîmes côte à côte, sur un vieux canapé fané qui ornait mon logis d'occasion et les questions allèrent leur train. Quel brave cœur qu'Adoré! Lui, un poète, un artiste, qui aurait si bien le droit de dédaigner les petites gens comme nous, il n'oublia personne. Il voulait savoir ce qu'était devenu M. Tourniret le notaire et comment se portait la petite Marguerite Clapot, la fille du sacristain d'Orgelet et si la famille Trouillet, de Lons, continuait à prospérer, etc., etc. Enfin je lui demandai : « Et la poésie? » — « De mieux en mieux me répondit-il, je ne suis pas trop mécontent. » — « Comment va Zola? » — Peuh! fit-il avec une moue qui m'impressionna, il commence a être bien démodé. « Et Hugo ? » — « Un burgrave ». — « Et Coppée ? » — « Un bourgeois. » Ces paroles, je ne sais pourquoi, me consternèrent. J'étais surpris et je le laissai voir. J'avais tort, car Adoré s'en aperçu; mais avec sa bonté ordinaire : « Mon cher, me dit-il tu arrives de province; tu n'es pas à la hauteur. Ne te désole pas, nous te formerons. » — « Ainsi le *Parnasse*... » — « Oh ! la vieille histoire ! » — « La poésie rustique... » — « Bonne pour les Félibres ! » — « Et le naturalisme ? » — « Hum, hum ! Pas de rêve, pas d'au delà; la serinette à Trublot. » J'étais devenu inquiet ; Sans réfléchir, je m'écriai : « Mais enfin que reste-t-il donc ? » Il me regarda fixement et d'une voix grave qui tremblait un peu, il prononça : « Il reste le *Symbole*. »

Ces mots, je les comprends maintenant ou du moins je crois les comprendre, car il faut que je vous dise que je n'en suis pas tout à fait sûr, mais alors, c'était de l'Hébreu pour moi. Adoré, sans doute lut dans mes yeux ma stupéfaction, et riant de son bon rire de Lons-le-Saulnier : « Bah, bah, me dit-il, ce n'est pas si sorcier que tu te l'imagines. Tout s'éclaircira bientôt, tu verras. Et d'abord, ce soir, je t'emmène au « Panier fleuri ! » Tu entendras les *Poètes*. » La dessus il me quitta ayant, parait-il, à terminer un sonnet qui devait avoir trois sens : un pour les gens du monde, un pour les journalistes, et le troisième affreusement obscène, pour les initiés, à titre de récompense. Vous savez tous que c'est le fin du fin.

Entendre les Poètes ! Quelle aventure ! Toute la journée cette idée me hanta et lorsque vers sept heures et demie du soir, après un modeste repas chez le restaurateur Petiot, Floupette vient me prendre pour m'introduire à son cénacle, le cœur me faisait violemment tic-tac. Le café où nous pénétrâmes, le *Panier Fleuri*, n'avait pourtant rien de bien imposant. Il semblait ne pas se douter des gloires qu'il abritait et je conviens qu'à part moi, je me l'étais figuré plus majestueux. Mais je réfléchis bien vite que le vrai talent est modeste, et, semblable à la violette, ne se révèle que par son parfum. D'ailleurs Adoré me dit, en entrant : « Nous avons de la veine; ils y sont tous, » En effet, nonchalamment étendus sur les banquettes du fond, quelques jeunes gens de l'extérieur le plus agréable discutaient avec animation. C'était la fleur du nouveau Parnasse, MM. d'Estoc, Bornibus, Flambergeot, Carapatidès et Caraboul; parmi eux, deux ou trois personnes d'un autre sexe, fort séduisantes encore, bien qu'un peu défraîchies, ajoutaient au charme de la réunion. Mais, comme leur rôle dans la conversation générale se bornait à répéter de temps à autre: « Tu veux bien que je prenne une chartreuse, n'est-ce pas, mon petit homme ? » ou bien encore : « Aristide, un bock ? » on m'excusera, je l'espère, si j'en dis peu de chose.

Cependant, les présentations achevées, celui de ces messieurs qui me parut le plus âgé, bien que peut-être il n'eût pas trente ans, un petit homme chauve, vêtu à la dernière mode, avec un monocle incrusté dans l'œil et une fine barbe en pointe à la Henri III, se leva, et me saluant d'un mouvement de tête infiniment gracieux, dit : « Vous ne sauriez croire, monsieur, le plaisir que j'éprouve à faire votre connaissance. Mon ami et frère en Jésus-Christ, Adoré Floupette, m'a parlé de vous dans les meilleurs termes. »

Comme je le remerciais de mon mieux, touché jusqu'au fond du cœur, il ajouta : « Etes-vous poète ? » Je rougis et répondis que je n'étais qu'un malheureux pharmacien, fort indigne de l'honneur d'une telle société. « Pharmacien ! s'écria-t-il avec un air de joyeuse surprise, comme si cette révélation l'eût plongé dans le ravissement, pharmacien ! Alors vous êtes poète. Depuis les stupides démolitions d'Haussmann, les pharmacies seules, avec les omnibus, mettent encore dans les rues de Paris un charme et une poésie. Vos bocaux multicolores sont les vraies étoiles du ciel moderniste. Quant à moi, je suis un simple amateur, un homme du monde qui fait des vers ; je réclamerai toute votre indulgence ».

A côté de nous, la discussion était des plus vives. Floupette récitait à l'assistance des *ternaires* qu'il avait composés pendant son dîner, car décidément le fameux sonnet symbolique ne répondait pas à son attente. Il déclamait d'ailleurs admirablement et sa voix s'entendait d'un bout à l'autre de l'estaminet. J'ai retenu ce tercet :

> Je voudrais être un gaga
> Et que mon cœur naviguât
> Sur la fleur du seringa.

« Gaga ! fit une de ces dames qui jusqu'alors avait gardé le plus profond silence, mais, mon pauvre ami, tu l'es déjà ». Cette haute inconvenance me choqua. Peut-être, après tout, n'était-ce qu'une espiéglerie. Chut, chut, murmura-t-on de toutes parts, et la délinquante, sans plus s'occuper de ce qui se passait autour d'elle, retomba dans la contemplation acharnée d'un Sherry-Gobler.

« Moi je trouve Gaga très bien, dit Caraboul ; seulement il y a dans naviguât un t qui me chiffonne. »

« Pourquoi cela ? répliqua Floupette. En pareille occurrence, Bleucoton n'a pas hésité à l'employer. » Et il cita des exemples.

Bleucoton était une autorité indiscutable. Tout le monde s'inclina.

Floupette reprit :

> Je voudrais que mon cœur fût
> Aussi roide qu'un affût
> Aussi rempli qu'un vieux fût.

XXXII

« Oh, fi donc! Floupette, s'écria mon premier interlocuteur, fût, affût, quels horribles mots! Toute âme délicate en doit être choquée. Il n'y a pas là ombre de nuance, pas la moindre issue pour le rêve, aucune lueur paradisiaque. Si nous sommes les Poètes, c'est que nous possédons le grand secret, nous rendons l'impossible, nous exprimons l'inexprimable. » Et s'animant peu à peu, car il est naturellement éloquent et s'écoute volontiers parler : « Le rêve, le rêve! mes amis embarquons-nous pour le rêve! L'église notre mère, professe que le rêve est une prière. Les saintes, abîmées dans l'extase, étaient des poétesses, le poète était un voyant. Aujourd'hui la négation brutale a tout envahi, l'homme d'action est un sauvage. Mais nous que la vie et la pensée ont affinés, si notre raison se refuse à croire, donnons-nous au moins, en rêvant, l'illusion de la foi. »

Il se tut et soupira profondément. Mais

pendant tout ce discours, Bornibus n'avait cessé de donner des marques d'agitation extraordinaires. Enfin il éclata. « Floupette, je suis fâché de te le dire, mais ton seringa est à moi. Relis plutôt ma « *Pureté Infâme.* » « Eh bien, dit Floupette avec bonne humeur, accepte en compensation mes *Cyclamens* et mes *Œgypans*. Tu sais que j'en ai un stock considérable et je te soupçonne, entre nous, d'avoir fait quelques petits emprunts à ma réserve. » On se mit à rire, mais Bornibus ne prit aucune part à l'hilarité générale et comme il quittait le café, nous l'entendîmes encore murmurer, d'une voix dolente : « seringa, seringa. »

« Vous savez qu'il est amoureux fou de sa petite cousine, dit tout bas Floupette à l'oreille de son voisin. » Celui-ci, gros garçon frisé, à la mine joviale eut une sorte de haut-le-cœur. » Amoureux ! cela ne m'étonne pas de sa part, c'est une pauvre tête, un cerveau vulgaire. Amoureux ! Il

XXXIV

ne lui manquait, je crois, que ce ridicule. Mon Dieu, comment peut-on être amoureux, et de sa cousine encore ? Y a-t-il au monde, je vous le demande, quelque chose de plus plat, de plus misérable, de plus répugnant, de plus écœurant que l'amour ? Pour y trouver quelque piment, il faudrait imaginer des complications invraisemblables. L'inceste est coquet, mais rien de plus. Il faudrait qu'en aimant on pût se sentir irrémissiblement damné. Ce serait alors une sensation rare et exquise. »

« Luther était bien heureux, interrompit le jeune Flambergeot, il était le mari d'une religieuse. Je voudrais être l'Antechrist. »

« Et encore, qu'importe, dit, en s'étendant sur le divan, un très jeune homme de la physionomie la plus fine et la plus intéressante, qui jusqu'alors avait gardé le silence, qu'importe ? A quoi bon ? Tout n'est-il pas vain ! Les contemplations, les extases ont à tout jamais remplacé pour nous la maussade réalité. Que sont les étreintes des corps amoureux près de la divine flottaison des songes, errant à la nuit tombée, dans l'azur céleste ? Ne vaut-il pas mieux imaginer que savoir ? Il n'y a de vrai que les Anges, parce qu'ils ne sont pas. Et peut-être nous-mêmes ne sommes-nous pas. Peut-être n'avons-nous jamais été. En vérité, tout est vain. » Et, me tendant un petit instrument, qu'en ma qualité de pharmacien, je reconnus bien vite pour une seringue de Pravaz, il ajouta gracieusement : « En usez-vous ? » je refusai, alléguant que mon format, a moi était tout autre et le remerciai avec effusion.

« Pourtant, s'écria Carapatidès, un grand gaillard taillé en Hercule, avec des épaules trapues, il faut rendre à la décadence romaine cette justice qu'elle a bien compris l'amour. A force d'inventions perverses et d'imaginations sataniques, elle est arrivée à le rendre tout à fait piquant. Oh! la décadence, vive la décadence! L'amour est une fleur de maléfice qui croît sur les tombes, une fleur lourde, aux parfums troublants...

« Avec des striures verdâtres », glissa le jeune Flambergeot.

— « Oui, avec des striures et des marbrures où s'étale délicieusement toute la gamme si nuancée des décompositions organiques; son calice est gonflé de sucs vénéneux et elle a cela d'adorablement exquis qu'on meurt de l'avoir respirée. Trouvez-moi donc une telle fleur à la campagne; ce n'est pas trop pour l'enfanter que l'artifice d'une civilisation profondément corrompue; les plantes naturelles sont bêtes et niaises, elles se portent bien. Oh! la santé!

Quoi de plus nauséeux! S'il en est parmi vous que les charmes rebondis d'une gardeuse de vaches aient pu réjouir, je les plains de tout mon cœur. Parlez-moi d'une belle tête exsangue, avec de longs cheveux, pailletés d'or, des yeux avivés par le crayon noir, des lèvres de pourpre ou de vermillon, coupées en deux par un large coup de sabre; montrez-moi le charme alangui d'un corps morbide, entouré de triples bandelettes, comme une momie de Cléopâtre et douze fois trempé dans les aromates. Voilà l'éternelle charmeuse, la vraie fille du diable ».

« Le diable, qui parle du diable? » fit un nouvel arrivant dont l'allure mystérieuse et entortillée avait je ne sais quoi d'ecclésiastique. Je ne crois pas en Dieu et je crois au diable; le diable, c'est mon patron : n'en disons pas de mal ! »

« Certes on n'aurait garde, reprit Carapatidès. On connait trop ses manières charmantes. C'est un vrai *gentleman*, et puis il est damné de toute éternité, ce qui le rend intéressant ».

Là-dessus, comme les soucoupes de bocks, empilées les unes sur les autres, commençaient à former une colossale tour penchée, la conversation s'échauffa de plus en plus et chacun dit son mot. Un *macabre* survint qui, roulant des yeux terribles, affirma qu'un cimetière, au crépuscule, ferait un cadre admirable à une idylle d'amour et que rien ne valait, pour se tenir en joie, la compagnie d'une tête de mort. Un autre vanta *l'Imitation de Jésus-Christ* et avoua qu'il la préférait même à la *Justine* du marquis de Sade. Un troisième se déclara hautement hystérique. C'était un beau tapage et il n'aurait fait sans doute que croître et embellir, si, l'heure de la fermeture étant arrivée, nous n'avions dû prendre congé de mes nouveaux amis. Tandis que les garçons dressaient sur les tables de marbre un échaffaudage de chaises cannelées, de cordiales poignées de mains s'échangèrent. Chacun s'en alla, les uns avec leurs femmes, les autres tout seuls et je reconduisis Floupette, qui s'accrochait désespérément à moi. Il était très monté ; il n'a jamais eu la tête solide et, moi-même, je dois reconnaître que mes idées n'étaient pas bien nettes. Les belles choses que je venais d'entendre tourbillonnaient dans ma cervelle et y dansaient une ronde endiablée. J'avais peine à recouvrer le calme, si nécessaire à un herboriste. Pendant ce temps Adoré trottinait à mes côtés, zigzaguant quelque peu, et, parfois, me forçant à m'arrêter, il me criait dans l'oreille, d'une voix tonitruante. « Hein, qu'en dis-tu? Etait-ce tapé? Sois sans crainte, j'achèverai ton éducation. De la perversité, mon vieux Tapora. Soyons pervers ; promets-moi que tu seras pervers ». Je le lui promis pour le tranquilliser, et, comme nous étions arrivés à son domicile, il me pria tout bas de ne pas faire de bruit dans l'escalier, parce que la maison était tranquille. Cette recommandation, en un pareil moment, et venant d'un tel

XL

homme, me sembla mesquine ; cependant je m'y conformai. La chambre d'Adoré, située au cinquième étage, ne se distinguait par aucun luxe particulier, mais tout y semblait rangé dans le plus grand ordre. Quelques crépons étaient, çà et là, piqués au mur par des épingles, et dans la glace se réflétait un magnifique dessin du grand artiste Pancrace Buret : Une araignée gigantesque qui portait, à l'extrémité de chacune de ses tentacules, un bouquet de fleurs d'encalyptus et dont le corps était constitué par un œil énorme, désespérément songeur, dont la vue seule vous faisait frissonner ; sans doute, encore un symbole. J'avais couché Adoré qui était incapable de se déshabiller lui-même ; le voyant plus tranquille, je me retirais sur la pointe du pied, quand il me saisit vivement par le bras, « non, non, reste encore, j'ai besoin de te parler. Ce que tu as entendu tout à l'heure n'est rien ! Remercie-moi, heureux potard ; je vais soulever pour toi le voile d'Isis. » Et alors, à moitié dégrisé, avec une volubilité que je ne soupçonnais pas chez lui, il se mit en devoir de me révéler ce qu'il appelait le *Grand Mystère*. Ce n'était pas tout que d'avoir trouvé une source d'inspiraration nouvelle, en un temps où l'imagition semble tarie, où la foi se meurt, où tout est bas et vulgaire. Ces inspirations fugitives, ces fleurs de rêve, ces nuances insaisissables, plus variées que celles de l'arc-en-ciel infini, il fallait bien les fixer. Et pour cela la langue française était décidément trop pauvre. Nos ancêtres s'en étaient contentés, mais, c'étaient de petits génies, à courtes vues, qui n'avaient que des impressions simples et sans intérêt, de bonnes gens, sans le moindre vice, pas du tout blasés, qui adoraient les confitures et ne songeaient même pas à mettre, dans leur soupe patriarcale, une pincée de poivre de

XLII

Cayenne. A la délicieuse corruption, au détraquement exquis de l'âme contemporaine, une suave névrose de langue devait correspondre. La forme de Corneille, du bon La Fontaine, de Lamartine, de Victor Hugo était d'une innocence invraisemblable. Une attaque de nerfs sur du papier! voilà l'écriture moderne. Tantôt, la phrase, pareille à un grand incendie, flamboyait, crépitait, rutilait, on entendait craquer ses jointures; tantôt avec le charme inconscient d'une grande dame tombée en enfance, déliquescente, un rien faisandée, elle s'abandonnait, s'effondrait, tombait par places, et rien n'était plus adorable que ces écailles de style, à demi détachées. Ou bien, comme si dans la forêt des choses un vent d'épouvante l'eût affolée, elle bondissait, tressautait avec de subits hérissonnements.

Les mots ont peur comme des poules

a dit Bleucoton.

Ici Floupette se dressa sur son chevet, et, l'œil hagard, la parole pressée, « sais-tu, potard, ce que c'est que les mots? Tu t'imagines une simple combinaison de lettres. Erreur! Les mots sont vivants comme toi et plus que toi ; ils marchent, ils ont des jambes comme les petits bateaux. Les mots ne peignent pas, ils sont la peinture elle-même ; autant de mots, autant de couleurs ; il y en a de verts, de jaunes et de rouges comme les bocaux de ton officine, il y en a d'une teinte dont rêvent les séraphins et que les pharmaciens ne soupçonnent pas. Quand tu prononces : Renoncule, n'as-tu pas dans l'âme toute la douceur attendrie des crépuscules d'automne? On dit : un cigare brun.. Quelle absurdité! Comme si ce n'était pas l'incarnation même de la blondeur que cigare. Companule est rose, d'un rose ingénu ; triomphe, d'un pourpre de sang ; adolescence, bleu pâle ; miséricorde, bleu foncé. Et, ce n'est pas tout :

les mots chantent, murmurent, susurrent, clapotent, roucoulent, grincent, tintinnabulent, claironnent ; ils sont, tour à tour, le frisson de l'eau sur la mousse, la chanson glauque de la mer, la basse profonde des orages, le hululement sinistre des loups dans les bois... »

Ici on frappa violemment à la cloison, où, depuis quelque temps d'ailleurs il m'avait semblé entendre comme un vague tambourinement. « Monsieur, prononça une voix enrouée, vous plaira-t-il bientôt de me laisser dormir ? Il est quatre heures du matin et je dois me lever à six. Demain, soyez-en sûr, j'avertirai le propriétaire. »

Je m'attendais à une protestation énergique de la part d'Adoré, mais le dernier effort qu'il venait de faire avait épuisé son énergie. « Tu vois, me dit-il, d'un ton mélancolique qui me toucha, tel est le sort des apôtres ; on leur donne congé. » Et me serrant affectueusement la main :

« Adieu, mon bon Tapora, la suite au prochain numéro, mais sois sans crainte, je ne t'abandonnerai pas dans ce monde fallace ; tu sauras tout. »

Le lendemain en effet, vers midi, il arriva chez mon vénéré maître et prédécesseur, M. Poulard des Roses, m'apportant, avec l'ébauche des *Déliquescences*, l'œuvre entier des deux grands initiateurs de la poésie de l'avenir, MM. Etienne Arsenal et Bleucoton. Comme on allait se mettre à table, on l'invita à partager la côtelette symbolique, ce à quoi il accéda de la meilleure grâce du monde, et, au dessert, il voulut bien nous réciter une pièce diantrement impressionnante, la *mort de la Pénultième*. Elle était morte, bien morte, absolument morte, la désespérée Pénultième. Il n'y avait pas à dire ; tout espoir était perdu. Il y eut un petit incident, parce que madame Poulard, femme au cœur sensible, faillit s'évanouir. Le père Poulard, lui, roulait de

XLVI

gros yeux ahuris en billes de loto. C'est bien la crême des hommes, mais sa vertueuse existence s'étant écoulée, tout entière, dans la guimauve et la camomille, on ne saurait lui demander de s'élever jusqu'aux sublimes conceptions du nouveau Parnasse. Personne n'excelle comme lui dans la composition de l'onguent napolitain, mais il n'a pas d'ailes ; il est plus à plaindre qu'à blâmer. Quant à moi, je fis, à ce qu'il me parut, honneur à mes nouvelles fréquentations, j'applaudis bruyamment Adoré et le félicitai de tout mon cœur, O gloire ! J'étais un pharmacien décadent !

Depuis lors je me suis mis à piocher mes classiques ; Dire que je comprends tout, serait peut-être exagéré, mais Adoré prétend que je vais bien, pour un novice, et cela m'encourage. Arsenal m'a donné, souvent, bien du fil à retordre ; Bleucoton m'est plus accessible. Si l'ensemble m'échappe encore, j'ai des lueurs, des illuminations subites. Parfois au bout de deux jours, je parviens à me rendre maître d'une phrase difficile ; d'autres fois c'est un sens mystique qui, tout à coup, se révèle à moi dans le silence du laboratoire. Et alors quel éblouissement ! Je suis bien récompensé de mes peines. Mes soirées sont laborieuses, mon sommeil est devenu pénible. Mais j'arrive, j'arrive et je goûte de bien douces consolations.

Faites-en autant, mes amis ; Vous m'en direz des nouvelles.

MARIUS TAPORA
Pharmacien de 2ᵉ classe

LIMINAIRE

> Et tout le reste est littérature.
> (PAUL VERLAINE)

En une mer, tendrement folle, alliciante et berceuse combien! de menues exquisités s'irrade et s'irrise la fantaisie du présent Aède. Libre à la plèbe littéraire, adoratrice du banal déjà vu, de nazilloter à loisir son grossier ron-ron. Ceux-là en effet qui somnolent en l'idéal béat d'autrefois, à tout jamais exilés des multicolores nuances du rêve auroral, il les faut déplorer et abandonner à leur ânerie séculaire, non sans quelque haussement d'épaules et mépris. Mais l'Initié épris de la bonne chanson bleue et grise, d'un gris si bleu et d'un bleu si gris, si vaguement obscure et pourtant si claire, le melliflu décadent dont l'intime perversité, comme une vierge enfouie emmi la boue, confine au miracle, celui-là saura bien, — on suppose, — où rafraîchir l'or immaculé de ses Dolences. Qu'il vienne et regarde. C'est avec, sur un rien de lait, un peu, oh très peu de rose, la verte à peine phosphorescence des nuits opalines, c'est les limbes de la conceptualité, l'âme sans gouvernail vaguant, sous l'éther astral, en des terres de rêve, et puis, ainsi qu'une barque trouée, délicieusement fluant toute, dégoulinant, faisant ploc ploc, vidée goutte par goutte au gouffre innommé ; c'est la très douce et très chère musique des cœurs à demi décomposés, l'agonie de la lune, le divin, l'exquis émiettement des soleils perdus. Oh! combien suave et calin, ce : bonsoir, m'en vais, l'ultime farewel de tout l'être en déliquescence, fondu, sublilisé, vaporisé en la caresse infinie des choses ! Combien épuisé cet Angelus de Minuit aux désolées tintinnabulances, combien adorable cette mort de tout !

Et maintenant, angoissé lecteur, voici s'ouvrir la maison de miséricorde, le refuge dernier, la basilique parfumée d'ylang-ylang et d'opoponax, le mauvais lieu saturé d'encens.

Avance, frère ; fais les dévotions.

LES ÉNERVÉS DE JUMIÈGES

—

L'Horizon s'emplit
De lueurs flambantes,
Aux lignes tombantes
Comme un Ciel de Lit.

L'Horizon s'envole,
Rose, Orange et Vert,
Comme un cœur ouvert
Qu'un relent désole.

Autour du bateau
Un remous clapote ;
La brise tapote
Son petit manteau,

Et, lente, très lente
En sa pâmoison
La frêle prison,
Va sur l'eau dolente.

O Doux énervés,
Que je vous envie
Le soupçon de vie
Que vous conservez !

Pas de clameur vaine,
Pas un mouvement !
Un susurrement
Qui bruit à peine !

Vous avez le flou
Des choses fanées,
Ames très vannées,
Allant Dieu sait où !

Comme sur la grève,
Le vent des remords,
Passe, en vos yeux morts,
Une fleur de rêve !

Et, toujours hanté
D'un ancien Corrège,
Je dis : Quand aurais-je
Votre Exquisité ?

PLATONISME

La chair de la Femme, argile Extatique,
Nos doigts polluants la vont-ils toucher?
Non, non, le Désir n'ose effaroucher
La Vierge Dormante au fond du Tryptique.

La chair de la Femme est comme un Cantique
Qui s'enroule autour d'un divin clocher,
C'est comme un bouton de fleur de pêcher
Eclos au Jardin de la nuit Mystique.

Combien je vous plains, mâles épaissis,
Rongés d'Hébétude et bleus de soucis,
Dont l'âme se vautre en de viles proses!

O sommeil de la Belle au bois Dormant,
Je veux t'adorer dans la Paix des roses,
Mon angelot d'or, angéliquement

POUR ÊTRE CONSPUÉ

Devinés au coin des brocatelles,
J'ai perçu tes contours subtils, presque ;
Je songeais alors à quelque fresque,
Remembrée avec des blancheurs d'ailes !

C'est pourtant le Tourment d'un ascète.
Pourquoi pas ? Je le sais, moi, nul autre,
— L'Oiseau bleu dans le Chrême se vautre. —
Qui comprend, je le tiens pour mazette !

SUAVITAS

L'Adorable Espoir de la Renoncule
A nimbé mon cœur d'une Hermine d'or.
Pour le Rossignol qui sommeille encor,
La candeur du Lys est un crépuscule.

Feuilles d'ambre gris et jaune ! chemins
Qu'enlace une valse à peine entendue,
Horizons teintés de cire fondue,
N'odorez vous pas la tiédeur des mains ?

O Pleurs de la Nuit ! Étoiles moroses !
Votre aile mystique effleure nos fronts,
La vie agonise et nous expirons
Dans la mort suave et pâle des Roses !

AVANT D'ENTRER

Je sens un goût de sirop
Au Paradis de ta bouche,
La tête branle et l'œil louche,
Huit et cinq, total zéro.

Qu'elle est moite en son fourreau,
L'âme tendre qui se couche,
Libellule qu'effarouche
La grosseur du numéro !

Et nous allons sans rien faire,
Après tout la grande affaire,
Sirius te la dira,

Et ma chanson rose et grise,
De ton petit Opéra
Frise et défrise la frise.

IDYLLE SYMBOLIQUE

L'enfant abdique son extase.
Et, docte déjà par chemins,
Elle dit le mot : Anastase !
Né pour d'Éternels parchemins.

Avant qu'un Sépulcre ne rie
Sous aucun climat, son aïeul,
De porter ce nom : Pulchérie
Caché par le trop grand Glaïeul
                STÉPHANE MALLARMÉ.

Amoureuses Hypnotisées
Par l'Indolence des Espoirs,
Éphèbes doux, aux reflets noirs,
Avec des impudeurs rosées,

Par le murmure d'un Ave,
Disparus ! O miracle Étrange !

Le démon suppléé par l'Ange,
Le vil Hyperbole sauvé !

Ils parlent, avec des nuances,
Comme, au cœur vert des boulingrins,
Les Bengalis et les serins,
Et ceux qui portent des créances.

Mais ils disent le mot : Chouchou,
— Né pour du papier de Hollande, —
Et les voilà seuls, dans la lande,
Sous le trop petit caoutchouc !

SYMPHONIE EN VERT MINEUR

VARIATIONS SUR UN THÈME VERT POMME

ANDANTE

L'alme fragilité des nonchaloirs impies
A refleté les souvenirs glauques d'Eros ;
La ligne a trop de feu des marbres de Paros,
Trop d'ombre l'axe des sorcières accroupies.

Le symbole est venu. Très hilares, d'abord,
Ont été les clameurs des brises démodées.
Tristes, aussi, leurs attitudes, tant ridées
Par la volonté rude et l'incessant effort.

Nous avons revisé pourtant : l'azur est rose ;
Depuis qu'il n'est plus bleu, nous voulons qu'il soit vert.
Je fermerai le Tabernacle, encor ouvert,
En modulant l'Ennui de mon âme morose.

SCHERZO

Si l'àcre désir s'en alla,
C'est que la porte était ouverte.
Ah ! verte, verte, combien verte,
Était mon âme, ce jour-là !

C'était, — on eut dit, — une absinthe,
Prise, — il semblait, — en un café,
Par un Mage très échauffé,
En l'Honneur de la Vierge sainte.

C'était un vert glougloutement
Dans un fossé de Normandie,
C'était les yeux verts d'Abadie
Qu'on a traité si durement.

C'était la voix verte d'un orgue,
Agonisant sur le pavé ;
Un petit enfant conservé,
Dans de l'eau très verte, à la Morgue.

Ah ! comme vite s'en alla,
Par la porte, à peine entr'ouverte,
Mon âme effroyablement verte,
Dans l'azur vert de ce jour-là !

PIZZICATI

Les Tænias
Que tu nias,
Traîtreusement s'en sont allés.

Dans la pénombre,
Ma clameur sombre
A fait fleurir des azalées.

Pendant les nuits,
Mes longs ennuis,
Brillent ainsi qu'un flambeau clair.

De cette perte
Mon âme est verte ;
C'est moi qui suis le solitaire !

FINALE

—

Dans les roseaux
Du bord des eaux,
Dans les sentiers
Verts d'Églantiers,
Nous nous laisserons mourir,
Puisque tout va refleurir !

Pour calmer les ruts bavards,
Oh ! cueillons les nénufars !
Endormons-nous !
Les blancs genoux
Nous les laissons
Aux polissons !

Point d'impudeurs !
Fi des verdeurs !
Tout sera bien ·
S'il n'est plus rien.
Car le temps est arrivé
Où le Blanc, seul, est sauvé !

MADRIGAL

Mon cœur tarabiscoté
A pris un point de côté.

Tes effluves le font battre
Comme trois. Que dis-je? Quatre.

Ce n'est point un cœur de rien,
Un noctambule vaurien,

Il ne fait de politesses
Qu'aux baronnes, aux comtesses.

Et, ce bel entretenu,
Regarde, il est devenu,

Grâce au sucre où tu t'enlises,
Confiture de Merises.

RHYTME CLAUDICANT

Je me suis grisé d'angélique,
Douce relique ;
La bénite eau des Chartreux
M'a fait bien heureux !

Toutes les femmes sont saintes !
Oh ! les rendre enceintes !

L'onctueuse bénédictine,
Ce matin
En mon âme chante matine !
Je me ferai bénédictin !

Toutes les femmes sont saintes !
Oh ! les rendre enceintes !

POUR AVOIR PÉCHÉ

—

Mon cœur est un Corylopsis du Japon. Rose
Et pailleté d'or fauve, — à l'instar des serpents,
Sa rancœur détergeant un relent de Chlorose,
Fait, dans l'Ether baveux, bramer les Ægypans.

Mon âme Vespérale erre et tintinnabule,
Par delà le cuivré des grands envoûtements;
Comme un crotale, pris aux lacs du Vestibule,
Ses ululements fous poignent les Nécromans.

Les Encres, les Carmins, flèches, vrillent la cible,
Qu'importe, si je suis le Damné qui jouit?
Car un Pétunia me fait immarcessible.
Lys! Digitale! Orchis! Moutarde de Louit!

SONNET LIBERTIN

> Avec l'assentiment des grands héliotropes.
> ARTHUR RIMBAUD.

Quand nous aurons, avec de bleus recueillements,
Pleuré de ce qui chante et ri de ce ce qui souffre,
Quand, du pied repoussés, rouleront dans le Gouffre,
Irrités et pervers, les Troubles incléments ;

Que faire ? On doit laisser aux stupides amants
Les Balancements clairs et les Effervescences ;
Nous languirons emmi les idoines essences,
Évoquant la Roseur des futurs errements.

Je mettrai dans l'or de tes prunelles blémies
L'Inassouvissement des philtres de Cypris.
— Les roses de ton sein, qu'elles vont m'être amies ! —

Et, comme au temps où triomphait le grand Vestris,
Très dolents, nous ferons d'exquises infamies,
— Avec l'assentiment de ton Callybistris. —

CANTIQUE

AVANT DE SE COUCHER

—

La Vie atroce a pris mon cœur dans son étau,
La Vie aigre sonne un tocsin dans mon oreille,
La Vie infâme a mis ses poux dans mon manteau.

Je suis comme un raisin plâtré sous une treille,
Comme un quine égaré par l'affre du Loto.
Comme un Pape très blanc et très doux qui sommeille.

Désespérance morne au seuil du Lys Hymen !
— Nimbé d'Encens impur j'agonise et je fume. —
O l'Induration lente du Cyclamen !
O les Morsures dans l'Alcôve qui s'allume !
O les Ostensoirs dans la Basilique ! Amen !

REMORDS

L'Église spectrale était en Gala.
Dans un froufrou, les femmes passaient vite.
Blanc sur blanc, en son étroite lévite,
L'Enfant de chœur, doux, tintinnabula,

Était-ce une vache avec ses sonnailles ?
Quand le Curé noir en vint à chanter,
Mes remords se sont mis à gigoter.
Oh ! oh ! oh ! remords ! Que tu me tenailles !!!

C'est vrai pourtant, je suis un mécréant,
J'ai fait bien souvent des cochonneries,
Mais, ô Reine des Étoiles fleuries,
Chaste lys ! prends en pitié mon Néant !

Si tous les huit jours je te paie un Cierge,
Ne pourrais-je donc être pardonné?
Je suis un païen, je suis un Damné,
Mais je t'aime tant, Canaille de Vierge!

BAL DÉCADENT

> Vais m'en aller !
> Tristan Corbière.

C'était une danse
De la décadence

Comme un menuet
Dolemment fluet.

C'était des chloroses
Et c'était des roses.

On ne sautait pas,
On allait au pas.

Mais les girandoles
Etaient presque folles.

Les lustres flambaient
Et les seins tombaient.

Dans ce flux de monde,
Je vis une blonde.

Aux yeux culottés
Par les voluptés,

En ses airs de morte,
Une vraie Eau forte.

Ange mal bâti,
Gamin perverti,

Lune blémissante
Et concupiscente,

Fleur d'opoponax,
Souvenir d'Anthrax.

Blafarde et vermeille.
Très jeune et très vieille.

Elle souriait,
Et m'extasiait :

« Article Paris,
Ta poudre de riz

D'une éteinte flamme
M'auréole l'âme.

Si tes yeux sont verts,
Mon cœur est pervers.

Ta désespérance,
Oh ! quelle attirance !

Laisse moi t'aimer,
Et me consumer ! »

Je dis et m'élance.
Mais, motus, silence !

Faut pas s'emballer....
Voici s'en aller

Toute mon essence,
En déliquescence !!

DÉCADENTS

Nos pères étaient forts, et, leurs rêves ardents,
S'envolaient d'un coup d'aile au pays de Lumière.
Nous dont la fleur dolente est la Rose Trémière,
Nous n'avons plus de cœur, nous n'avons plus de dents !

Pauvres pantins avec un peu de son, dedans,
Nous regardons, sans voir, la ferme et la fermière.
Nous renâclons devant la tâche coutumière,
Charlots trop amusés, ultimes Décadents.

Mais, ô Mort du Désir ! Inappétence exquise !
Nous gardons le fumet d'une antique Marquise
Dont un Vase de Nuit parfume les Dessous !

Etre Gateux, c'est toute une philosophie,
Nos nerfs et notre sang ne valent pas deux sous,
Notre cervelle, au vent d'Été, se liquéfie !

TABLE

Vie littéraire de l'auteur	5
Liminaire	49
Les Énervés de Jumièges	53
Platonisme	56
Pour être conspué	57
Suavitas	58
Avant d'entrer	59
Idylle symbolique	60
Andante	62
Scherzo	63
Pizzicati	65
Finale	66
Madrigal	68
Rhytme claudicant	69
Pour avoir péché	70
Sonnet libertin	71
Cantique avant de se coucher	72
Remords	73
Bal décadent	75
Décadents	78

Achevé d'imprimer
SUR LES PRESSES DE « LUTÈCE »
Le vingt juin mil huit cent quatre-vingt-cinq
POUR
LÉON VANIER
PAR
LÉON ÉPINETTE, IMPRIMEUR
16, boulevard St-Germain
PARIS

www.ingramcontent.com/pod-product-compliance
Lightning Source LLC
LaVergne TN
LVHW021000090426
835512LV00009B/1976